MW00685577

Graduation Party For

_____

Date

_____

Guest Name & Address

_____

_____

Advice For The Graduate

_____

_____

_____

Well Wishes For The Graduate

_____

_____

_____

Guest Name & Address

_____

_____

Advice For The Graduate

_____

_____

_____

Well Wishes For The Graduate

_____

_____

_____

Guest Name & Address

_____

_____

Advice For The Graduate

_____

_____

_____

Well Wishes For The Graduate

_____

_____

_____

Guest Name & Address

_____

_____

Advice For The Graduate

_____

_____

_____

Well Wishes For The Graduate

_____

_____

_____

Guest Name & Address

_____

_____

Advice For The Graduate

_____

_____

_____

Well Wishes For The Graduate

_____

_____

_____

Guest Name & Address

_____

_____

Advice For The Graduate

_____

_____

Well Wishes For The Graduate

_____

_____

_____

Guest Name & Address

_____

_____

Advice For The Graduate

_____

_____

_____

Well Wishes For The Graduate

_____

_____

_____

Guest Name & Address

_____

_____

Advice For The Graduate

_____

_____

Well Wishes For The Graduate

_____

_____

_____

Guest Name & Address

_____

_____

Advice For The Graduate

_____

_____

Well Wishes For The Graduate

_____

_____

_____

Guest Name & Address

_____

_____

Advice For The Graduate

_____

_____

_____

Well Wishes For The Graduate

_____

_____

_____

Guest Name & Address

_____

_____

Advice For The Graduate

_____

_____

_____

Well Wishes For The Graduate

_____

_____

_____

Guest Name & Address

_____

_____

Advice For The Graduate

_____

_____

_____

Well Wishes For The Graduate

_____

_____

_____

Guest Name & Address

_____

_____

Advice For The Graduate

_____

_____

_____

Well Wishes For The Graduate

_____

_____

_____

Guest Name & Address

_____

_____

Advice For The Graduate

_____

_____

_____

Well Wishes For The Graduate

_____

_____

_____

Guest Name & Address

_____

_____

Advice For The Graduate

_____

_____

_____

Well Wishes For The Graduate

_____

_____

_____

Guest Name & Address

_____

_____

Advice For The Graduate

_____

_____

_____

Well Wishes For The Graduate

_____

_____

_____

Guest Name & Address

_____

_____

Advice For The Graduate

_____

_____

_____

Well Wishes For The Graduate

_____

_____

_____

Guest Name & Address

_____

_____

Advice For The Graduate

_____

_____

Well Wishes For The Graduate

_____

_____

_____

Guest Name & Address

_____

_____

Advice For The Graduate

_____

_____

_____

Well Wishes For The Graduate

_____

_____

_____

Guest Name & Address

_____

_____

Advice For The Graduate

_____

_____

_____

Well Wishes For The Graduate

_____

_____

_____

Guest Name & Address

_____

_____

Advice For The Graduate

_____

_____

_____

Well Wishes For The Graduate

_____

_____

_____

Guest Name & Address

_____

_____

Advice For The Graduate

_____

_____

_____

Well Wishes For The Graduate

_____

_____

_____

Guest Name & Address

_____

_____

Advice For The Graduate

_____

_____

_____

Well Wishes For The Graduate

_____

_____

_____

Guest Name & Address

_____

_____

Advice For The Graduate

_____

_____

_____

Well Wishes For The Graduate

_____

_____

_____

Guest Name & Address

_____

_____

Advice For The Graduate

_____

_____

Well Wishes For The Graduate

_____

_____

_____

Guest Name & Address

_____

_____

Advice For The Graduate

_____

_____

_____

Well Wishes For The Graduate

_____

_____

_____

Guest Name & Address

_____

_____

Advice For The Graduate

_____

_____

Well Wishes For The Graduate

_____

_____

_____

Guest Name & Address

_____

_____

Advice For The Graduate

_____

_____

_____

Well Wishes For The Graduate

_____

_____

_____

Guest Name & Address

_____

_____

Advice For The Graduate

_____

_____

_____

Well Wishes For The Graduate

_____

_____

_____

Guest Name & Address

_____

_____

Advice For The Graduate

_____

_____

Well Wishes For The Graduate

_____

_____

_____

Guest Name & Address

_____

_____

Advice For The Graduate

_____

_____

_____

Well Wishes For The Graduate

_____

_____

_____

Guest Name & Address

_____

_____

Advice For The Graduate

_____

_____

Well Wishes For The Graduate

_____

_____

_____

Guest Name & Address

_____

_____

Advice For The Graduate

_____

_____

Well Wishes For The Graduate

_____

_____

_____

Guest Name & Address

_____

_____

Advice For The Graduate

_____

_____

_____

Well Wishes For The Graduate

_____

_____

_____

Guest Name & Address

_____

_____

Advice For The Graduate

_____

_____

_____

Well Wishes For The Graduate

_____

_____

_____

Guest Name & Address

_____

_____

Advice For The Graduate

_____

_____

_____

Well Wishes For The Graduate

_____

_____

_____

Guest Name & Address

_____

_____

Advice For The Graduate

_____

_____

_____

Well Wishes For The Graduate

_____

_____

_____

Guest Name & Address

_____

_____

Advice For The Graduate

_____

_____

_____

Well Wishes For The Graduate

_____

_____

_____

Guest Name & Address

_____

_____

Advice For The Graduate

_____

_____

_____

Well Wishes For The Graduate

_____

_____

_____

Guest Name & Address

_____

_____

Advice For The Graduate

_____

_____

_____

Well Wishes For The Graduate

_____

_____

_____

Guest Name & Address

_____

_____

Advice For The Graduate

_____

_____

_____

Well Wishes For The Graduate

_____

_____

_____

Guest Name & Address

_____

_____

Advice For The Graduate

_____

_____

_____

Well Wishes For The Graduate

_____

_____

_____

Guest Name & Address

_____

_____

Advice For The Graduate

_____

_____

Well Wishes For The Graduate

_____

_____

_____

Guest Name & Address

_____

_____

Advice For The Graduate

_____

_____

_____

Well Wishes For The Graduate

_____

_____

_____

Guest Name & Address

_____

_____

Advice For The Graduate

_____

_____

_____

Well Wishes For The Graduate

_____

_____

_____

Gifts

Guest	Gift

Gifts

Guest	Gift

Gifts

Guest	Gift

Gifts

Guest	Gift

Gifts

Guest	Gift

Gifts

Guest	Gift

Gifts

Guest	Gift

Gifts

Guest	Gift

Gifts

Guest	Gift

Gifts

Guest	Gift

Made in the USA
Monee, IL
25 July 2021

74250064R10057